Álvaro L. M. Valls

O QUE É ÉTICA

9ª edição, 1994

São Paulo

editora brasiliense

Copyright © by Álvaro L. M. Valls, 1986
Nenhuma parte desta publicação pode ser gravada,
armazenada em sistemas eletrônicos, fotocopiada,
reproduzida por meios mecânicos ou outros quaisquer
sem autorização prévia do editor.

1ª edição, 1986
9ª edição, 1994
32ª reimpressão, 2016

Diretora editorial: *Maria Teresa B. de Lima*
Editor: *Max Welcman*
Produção editorial e gráfica: *Laidi Alberti*
Projeto gráfico e editoração: *Digitexto Serviços Gráficos*
Capa e ilustrações: *Ettore Bottini*
Revisão: *Tiago Sliachticas*

Dados Internacionais de Catalogação na Publicação (CIP)
(Câmara Brasileira do Livro, SP, Brasil)

Valls, Álvaro L. M.
        O que é ética / Álvaro L. M. Valls. – São Paulo:
Brasiliense, 2016. - - (Coleção Primeiros Passos; 177)

32ª reimpr. da 9ª ed. de 1994
ISBN 978-85-11-01177-7

1. Ética I. Título. II. Série.

06-0159   CDD - 170

Índices para catálogo sistemático:
1. Ética : Filosofia 170

editora brasiliense
Rua Antonio de Barros, 1720 – Bairro Tatuapé
CEP 03401-001 – São Paulo – SP – Fone 3062-2700
E-mail: contato@editorabrasiliense.com.br
www.editorabrasiliense.com.br

Sumário

Os problemas da Ética 7
Ética grega antiga 24
Ética e religião 35
Os ideais éticos 43
A liberdade 48
Comportamento moral: o bem e o mal 62
A ética hoje 70
Indicações para leitura 79
Sobre o autor 85

Conhece-te a ti mesmo.
Sócrates

Sede perfeitos, como vosso pai é perfeito.
Jesus Cristo

Age moralmente.
Kant

Meu dilema não significa, em primeiro lugar,
que se escolha entre o bem e o mal;
ele designa a escolha pela qual
se exclui ou se escolhe o bem e o mal.
Kierkegaard

A triste ciência (...) se refere a um domínio que
por tempos imemoriais foi considerado
o específico da filosofia,
porém, desde a transformação desta em método,
caiu no desprezo intelectual,
na arbitrariedade das sentenças
e afinal no esquecimento:
a doutrina da vida correta.
Adorno

Os problemas da ética

A *ética* é daquelas coisas que todo mundo sabe o que são, mas que não são fáceis de explicar quando alguém pergunta.

Tradicionalmente ela é entendida com um estudo ou uma reflexão, científica ou filosófica, e eventualmente até teológica, sobre os costumes ou sobre as ações humanas. Mas também chamamos de ética a própria vida, quando conforme aos costumes considerados corretos. A ética pode ser o estudo das ações ou dos costumes, e pode ser a própria realização de um tipo de comportamento.

Enquanto uma reflexão científica, que tipo de ciência seria a ética? Tratando de normas de comportamentos, deveria chamar-se uma ciência normativa. Tratando de costumes, pareceria uma ciência descritiva. Ou seria uma ciência de tipo mais especulativo, que tratasse, por exemplo, da questão fundamental da liberdade?

Que outra ciência estuda a liberdade humana, enquanto tal, e em suas realizações práticas? Onde se situa o estudo que pergunta se existe a liberdade? E como ela deveria ser definida teoricamente, e como deveria ser vivida, praticamente? Ora, ligado ao problema da liberdade, aparece sempre o problema do bem e do mal, e o problema da consciência moral e da lei, e vários outros problemas deste tipo.

Didaticamente, costuma-se separar os problemas teóricos da ética em dois campos: num, os problemas gerais e fundamentais (como liberdade, consciência, bem, valor, lei e outros); e no segundo, os problemas específicos, de aplicação concreta, como os problemas de ética profissional, de ética política, de ética sexual, de ética matrimonial, de bioética, etc. É um procedimento didático ou acadêmico, pois na vida real eles não vêm assim separados.

Mais adiante teremos de ver também como a ética se distingue de outros ramos do saber, ou de outros estudos de comportamentos humanos, como o direito, a teologia, a estética, a psicologia, a história, a economia e outros. Quando diferenciamos estes ramos do saber, não estamos dizendo que os problemas, na prática da vida, não sejam complexos e com várias dimensões simultaneamente. Vejamos um exemplo. Subornar um funcionário, é um problema apenas ético, apenas econômico, ou tem os dois aspectos?

As questões da ética nos aparecem a cada dia. A partir do exemplo acima, logo poderíamos nos perguntar se, num país capitalista, o princípio do lucro poderia ou deveria situar-se acima ou abaixo das leis da ética. E em épocas mais difíceis, muitas vezes nos perguntamos se uma lei injusta de um Estado autoritário precisa ou não ser obedecida. E quando nós temos um "problema de consciência", quando estamos com um "sentimento de culpa", coisa que ocorre a todos, não se torna importante saber se este sentimento corresponde de fato a uma culpa real? Cabe à reflexão ética perguntar se o homem pode realmente ser culpado, ou se o que existe é apenas um sentimento de um mal-estar sem fundamento.

E as artes também levantam problemas para a ética. Por exemplo: o poder de sedução, de encantamento, da música, pode (ou deve) ser usado para *condicionar* o comportamento das pessoas?

E o mandamento evangélico do amor aos inimigos é válido como uma obrigação ética para todos?

E quando, lendo um romance de Dostoievski, encontramos um personagem como Ivan, de *Os Irmãos Karamazov*, afirmando que "se Deus não existe tudo é permitido", devemos então concluir que isso é uma proposta de abolição da ética?

Os problemas que acabamos de mencionar implicam todos alguma relação com outras disciplinas teóricas e práticas, mas são todos problemas específicos da ética.

Mas há uma outra questão, especificamente ética, que parece ser absolutamente fundamental. Os costumes mudam e o que ontem era considerado errado hoje pode ser aceito, assim como o que é aceito entre os índios do Xingu pode ser rejeitado em outros lugares, do mesmo país até. A ética não seria então uma simples listagem das convenções sociais provisórias?

Se fosse assim, o que seria um comportamento correto, em ética? Não seria nada mais do que um comportamento adequado aos costumes vigentes, e enquanto vigentes, isto é, enquanto estes costumes tivessem força para coagir moralmente, o que aqui quer dizer, socialmente. Quem se comportasse de maneira discrepante, divergindo dos costumes aceitos e respeitados, estaria no erro, pelo menos enquanto a maioria da sociedade ainda não adotasse o comportamento ou o costume diferente. Quer dizer: esta ação seria errada apenas enquanto ela não fosse o tipo de um novo comportamento vigente.

É claro que, de qualquer maneira, a ética tem pelo menos também uma função descritiva: precisa procurar conhecer, apoiando-se em estudos de antropologia cultural e semelhantes, os costumes das diferentes épocas e dos diferentes lugares. Mas ela não apenas retrata

Os valores éticos podem se transformar, assim como a sociedade se transforma.

os costumes: apresenta também algumas grandes teorias, que não se identificam totalmente com as formas de sabedoria que geralmente concentram os ideais de cada grupo humano. A ética tem sido também uma reflexão teórica, com uma validade mais universal, como ainda veremos.

Quanto aos costumes, para partirmos do real e não do ideal propriamente dito, é preciso reconhecer desde logo uma séria restrição: a humanidade só reteve por escrito depoimentos sobre as normas de comportamentos (e teorias) dos últimos milênios, embora os homens já existam há muito mais tempo. Como se comportavam eticamente os homens das cavernas, há mais de trinta mil anos? Como era a sua ética sexual, que tipos de normas políticas vigoravam na pré-história? É extremamente difícil dizê-lo.

Quanto às grandes teorizações, há documentos importantíssimos pelo menos desde os gregos antigos, há uns dois mil e quinhentos anos. Mas é importante então lembrar que as grandes teorias éticas gregas também traziam a marca do tipo de organização social daquela sociedade. Tais reflexões não deixavam de brotar de uma certa experiência de um povo, e, num certo sentido, até de uma classe social. Tais enraizamentos sociais não desvalorizam as reflexões mais aprofundadas, mas sem dúvida ajudam a compreender a distância entre as doutrinas éticas escritas pelos filósofos, de um lado, e os costumes reais do povo e das diferentes classes, por outro lado, tanto no Egito quanto na Grécia, na Índia, em Roma ou na Judeia.

Em certos casos, só chegaremos a descobrir qual a ética vigente numa ou noutra sociedade através de documentos não escritos ou mesmo não-filosóficos (pinturas, esculturas, tragédias e comédias, formulações jurídicas, como as do direito romano, e políticas, como as leis de Esparta ou Atenas, livros de medicina, relatórios históricos de expedições guerreiras e até os *livros penitenciais* dos bispos medievais).

Como não se admirar diante da diversidade dos costumes, pesquisando, por exemplo, o que os gregos pensavam da pederastia, ou os casos em que os romanos podiam abandonar uma criança recém-nascida, ou as relações entre o direito de propriedade e o "não cobiçar a mulher do próximo" dos judeus antigos, ou a escala de valores que transparece nos livros penitenciais da Idade Média, quando o casamento com uma prima em quinto grau constituía uma culpa mais grave do que o abuso sexual de uma empregada do castelo, ou quando o concubinato, mesmo dos padres, era uma forma de regulamentar eficazmente o direito da herança?

O que acabamos de mencionar coloca a questão nos seguintes termos. Não são apenas os costumes que variam, mas também os valores que os acompanham, as próprias normas concretas, os próprios ideais, a própria sabedoria, de um povo a outro.

Mas alguém poderia argumentar que, embora só conheçamos as normas éticas dos últimos milênios, certamente deve haver um princípio ético supremo, que perpasse a pré-história a e a história da humanidade. Não seria, quem sabe, o princípio que proíbe o *incesto* (sexo entre parentes)? Mas até esta norma tão antiga e tão importante carece de uma verdadeira concreção, de uma formulação bem determinada. Afinal, a definição concreta dos casos de incesto constantemente variou.

Voltemos ao exemplo da Idade Média. Ao redor do ano 1000, a relação incestuosa atingia até o sétimo grau. Casar com uma prima de até sétimo grau era um crime e um pecado. Mas, se a quase totalidade era analfabeta, como conhecer bem a árvore genealógica? O costume então era bastante matreiro: os nobres se casavam sem perguntar pela genealogia, e só se preocupavam com o incesto quando eventualmente desejassem dissolver o casamento, anulando-o. Não era difícil, então, conseguir um monge letrado ou mesmo testemunhas compradas, para demonstrar o impedimento e anular o casamento. Graças ao incesto, o nobre podia tentar várias vezes, até conseguir ganhar um filho homem, o que era, muitas vezes, a sua real preocupação, por causa da linhagem, do nome e da herança.

Se formos pesquisar estes costumes mais a fundo, descobriremos então talvez que, por trás das normas explícitas, havia outros valores mais altos, talvez como a linhagem, as alianças político-militares, e quem sabe até a paz social, dentro de uma estrutura baseada na luta, na competição e na guerra, por questões de honra, de religião ou de herança. Mas então temos de nos perguntar qual a importância desta regulamentação ética para nós hoje, numa época de capitalismo avançado (ou mesmo selvagem), onde a grande maioria se sustenta ou empobrece graças exclusivamente ao seu trabalho pessoal, à sua força de trabalho, independente de linhagem e de herança.

Mesmo nos dias de hoje, numa mesma sociedade, não notamos nítidas diferenças de costumes entre as classes da mais alta burguesia, a pequena burguesia e o proletariado, para não falar dos camponeses ou agricultores?

Mas não haveria, então, uma ética absoluta? Não teria, quem sabe, o cristianismo trazido esta ética absoluta, válida acima das fronteiras de tempo e espaço? Será verdade que o cristianismo trouxe realmente uma única ética?

Max Weber, pensador alemão do início de nosso século, mostra que esta ética não era, em todo o caso, simples, clara e acessível a todos. Pois os protestantes, principalmente os calvinistas, sempre valorizaram eticamente muito mais o trabalho e a riqueza, enquanto os católicos davam um valor maior à abnegação, ao espírito de pobreza e de sacrifício. E a diversidade simultânea não é a única: maiores são as variações de um século para outro. No passado, houve épocas em que a pobreza e a castidade eram os valores mais altos da escala ético-religiosa (geralmente em épocas em que se previa para breve o fim do mundo). Isto explica os grandes movimentos monacais, assim como, em contrapartida, nos permite entender por que, no século passado, o ideal do homem cristão enaltecia muito mais o burguês culto, casado, com família grande e boas economias acumuladas, cultor da vida urbana e social.

Não seria exagerado dizer que o esforço de teorização no campo da ética se debate com o problema da variação dos costumes. E os grandes pensadores éticos sempre buscaram formulações que explicassem, a partir de alguns princípios mais universais tanto a igualdade do gênero humano no que há de mais fundamental, quanto as próprias variações. Uma boa teoria ética deveria atender à pretensão de universalidade, ainda que simultaneamente capaz de explicar as variações de comportamento, características das diferentes formações culturais e históricas.

Dois nomes merecem ser logo citados, como estrelas de primeira grandeza deste firmamento: o grego antigo Sócrates (470-399 a.C.) e o alemão prussiano Kant (1724-1804).

Sócrates, o filósofo que aparece nos *Diálogos* de Platão, usando o método da *maiêutica* (interrogar o interlocutor até que este chegue por si mesmo à verdade, sendo o filósofo uma espécie de "parteiro das ideias"), foi condenado a beber veneno. Mas por quê? A acusação era a de que ele seduzia a juventude, não honrava os deuses da cidade e desprezava as leis da *polis* (cidade-estado). Depois de dois milênios, ainda não sabemos se sua condenação foi justa. Pois Sócrates obedecia às leis, mas as questionava em seus diálogos, procurando fundamentar racionalmente a sua validade. Ele ousava, portanto, perguntar se estas leis eram justas. E mesmo que chegasse a uma conclusão positiva, o conservadorismo grego não podia suportar este tipo de questionamento, pois as leis existiam para serem obedecidas, e não para serem justificadas.

Mas, embora os gregos não gostassem dos questionamentos, Sócrates foi chamado, muitos séculos depois, "o fundador da moral", porque a sua ética (e a palavra *moral* é sinônimo de ética, acentuando talvez apenas o aspecto de interiorização das normas) não se baseava simplesmente nos costumes do povo e dos ancestrais, assim como nas leis exteriores, mas sim na convicção pessoal, adquirida através de um processo de consulta ao seu "demônio interior" (como ele dizia), na tentativa de compreender a justiça das leis.

Parece mesmo que Sócrates abandonou até o estudo das ciências da natureza (as famosas *cosmologias*), para se ocupar exclusivamente consigo mesmo e o se agir. Sócrates seria então, para muitos, o primeiro grande pensador da subjetividade, o que, aliás, também transparecia por seu comportamento irônico. Pois a ironia (que alguns traduzem como uma ignorância fingida, mas que deve ser muito mais do que isto) sempre estabelece uma diferença entre o que eu digo e o que eu quero dizer, e assim entre a formulação e o sentido das proposições – uma distância, portanto, entre o exterior e o interior.

Ora, se este movimento de interiorização da reflexão e de valorização da subjetividade ou da personalidade começa com Sócrates, parece que ele culmina com Kant, lá pelo final do século XVII.

Kant buscava uma ética de validade universal, que se apoiasse apenas na igualdade fundamental entre os homens. Sua filosofia se volta sempre, em primeiro lugar, para o homem, e se chama *filosofia transcendental* porque busca encontrar no homem as condições de possibilidade do conhecimento verdadeiro e do agir livre. No centro das questões éticas, aparece o *dever*, ou obrigação moral, uma necessidade diferente da natural, ou da matemática, pois necessidade para uma liberdade. O dever obriga moralmente a consciência moral livre, e a vontade verdadeiramente boa deve agir sempre conforme o dever e por respeito ao dever.

Partindo do pressuposto, típico do movimento iluminista que acompanhou a ascensão da burguesia, da igualdade básica entre os homens, Kant precisa chegar a uma moral igual para todos, uma moral racional, a única possível para todo e qualquer ser racional.

Kant achava que a igualdade entre os homens era fundamental para o desenvolvimento de uma ética universal.

Esta moral se interessa essencialmente pelos aspectos exteriores, empíricos e históricos, tais como leis positivas, costumes, tradições, convenções e inclinações pessoais. Se a moral é a racionalidade do sujeito, este deve agir de acordo com o dever e somente por respeito ao dever: *porque é dever*, eis o único motivo válido da ação moral.

Legalidade e moralidade se tornam extremos opostos. Diante de cada lei, de cada ordem, de cada costume, o sujeito está obrigado, para ser um homem livre, a perguntar qual é o seu dever, e a agir somente de acordo com o seu dever, e isto, exclusivamente, por ser o seu dever. Como vemos, uma ética bastante revolucionária para uma época dominada por um *regime antigo*, baseado em tradições e imposições irracionais.

Para Kant, os conteúdos éticos nunca são dados do exterior. O que cada um de nós tem, porém, é a *forma* do dever. Esta forma se expressa em várias formulações, no chamado *imperativo categórico*, o qual tem este nome por ser uma ordem formal nunca baseada em hipóteses ou condições. A formulação clássica do imperativo categórico é a seguinte, conforme o texto da *Fundamentação da Metafísica dos Costumes*: "devo proceder sempre de maneira que eu possa querer também que a minha máxima se torne uma lei universal". Colocado como um imperativo para o outro, seria: "age de tal maneira que possas ao mesmo tempo querer que a máxima da tua vontade se torne lei universal".

O que é ética 21

E se alguém perguntasse a Kant: "sim, mas de que maneira, concretamente?", sua resposta seria: "exatamente desta maneira". Ou seja, Kant procurou deduzir da própria estrutura do sujeito humano, racional e livre, a forma de um agir necessário e universal. É moralmente necessário que todos ajam assim.

Os críticos de Kant costumam dizer que ele teria as mãos limpas, se tivesse mãos, ou seja, que desta maneira é concretamente impossível agir. Impossível agir refletindo a cada vez, aplicando ao caso concreto a fórmula do imperativo categórico. Seria querer começar, a cada vez, tudo de novo, seria supor em si uma consciência moral tão pura e racional que nem existe, e seria reforçar, na prática, o individualismo. A outra crítica, complementar a esta, é a de que não se pode ignorar a história, as tradições éticas de um povo etc., sem cair numa ética totalmente abstrata. Mas parece também impossível, hoje em dia, ocupar-se com a ética ignorando as ideias de Kant.

Teremos de analisar mais calmamente, neste livro, as posições de Sócrates e de Kant, juntamente com outras posições clássicas e contemporâneas. Não obstante, talvez já se possa afirmar que, com nosso pequeno esboço sobre o que teria sido a vida ética grega antes de Sócrates e sobre a posição extremamente racionalista de Kant, ficaram colocadas as duas margens para o grande rio do pensamento ético, no meio do qual se encontram muitas outras posições, algumas atentas principalmente aos costumes exteriores, que teriam de ser interiorizados, outras mais preocupadas com a atitude individual e subjetiva, que no entanto não deveriam esquecer a situação social, política, histórica etc.

Neste grande rio se movimentam pensadores do porte de Platão e Aristóteles, Santo Agostinho e Santo Tomás de Aquino, Maquiavel e Spinoza, Hegel e Kierkegaard, Marx e Sartre, enfim, quase todos os grandes pensadores que nós, ocidentais, conhecemos, assim como, no meio deles, todos nós que a cada dia enfrentamos problemas teóricos e práticos, éticos ou morais. E que temos de resolvê-los, com ou sem ajuda, mas de preferência com alguma ajuda daqueles que mais pensaram sobre tais questões.

Antes de continuarmos, porém, um alerta: há muito pensador importante, principalmente hoje em dia, que considera que o estudo da ética é a região mais difícil, e aquela para a qual o pensamento, reflexivo e discursivo, está atualmente menos preparado. Mas então, o que fazer? Adotar, como propunha Descartes, uma *moral provisória*, para cuidar primeiro das questões teóricas, resolvendo as questões práticas do jeito que der?

Ou quem sabe seria melhor simplesmente ignorar as questões éticas, cuidando apenas dos assuntos técnicos, tais como: arranjar dinheiro, arranjar-se na vida, progredir na vida profissional, gozar o que for possível, conseguir força suficiente para dominar e não ser dominado... Ou quem sabe não seria melhor ainda simplesmente deixar-se levar pelo sistema e pelos acontecimentos?

Mas, neste caso, nós homens não estaríamos abdicando, renunciando ao nosso anseio de liberdade?

ÉTICA GREGA ANTIGA

Entre os anos 500 e 300 a.C., aproximadamente nós encontramos o período áureo do pensamento grego. É um período importante não só para os gregos, ou para os antigos, mas um período onde surgiram muitas ideias e muitas definições e teorias que até hoje nos acompanham. Não são apenas três pensadores (Sócrates, Platão e Aristóteles) os responsáveis por esta fabulosa concentração de saber, e por esta incrível análise e reflexão sobre o agir do homem, mas talvez valha a pena esquematizar rapidamente algumas das ideias dos dois últimos, para temos uma imagem de como os problemas éticos eram formulados naqueles tempos.

A reflexão grega neste campo surgiu como uma pesquisa sobre a natureza do bem moral, na busca de um princípio absoluto da conduta. Ela procede do contexto religioso, onde podemos encontrar o cordão umbilical de muitas ideias éticas, tais como as duas formulações mais conhecidas: "nada em excesso" e "conhecer-te a ti mesmo". *O contexto em que tais ideias nasceram está ligado ao santuário de Delfos do deus Apolo.*

O grande sistematizador, entre os discípulos de Sócrates, foi Platão (427-347 a.C.) Nos *Diálogos* que deixou escritos, ele parte da ideia de que todos os homens buscam a *felicidade*. A maioria das doutrinas gregas colocava, realmente, a busca da felicidade no centro das preocupações éticas. Mas não se deve pensar, daí, que Platão pregava um egoísmo rasteiro. Pelo contrário, ao pesquisar as noções de prazer, sabedoria prática e virtude, colocava-se sempre a grande questão: onde está o *Sumo Bem*?

Platão parece acreditar numa vida depois da morte e por isso prefere o ascetismo ao prazer terreno. No diálogo *República* ele até condena a vida voltada exclusivamente para os prazeres. Contando com a imortalidade da alma, sugerida no diálogo *Fédon*, e que é coerente com uma preexistência da alma, ele espera a felicidade principalmente para depois da morte.

Os homens deveriam procurar, então, durante esta vida, a contemplação das ideias, e principalmente da ideia mais importante, a ideia do Bem. Platão descreve, de uma maneira literalmente muito sedutora, como há uma espécie de "Eros filosófico" que atrai o homem para este exercício de contemplação. Como o astrônomo contempla os astros, o filósofo contempla, através da arte da dialética, as ideias mais altas, principalmente as do Ser e do Bem. O Ser é imutável, e também o Bem. A partir deste Bem superior, o homem deve procurar descobrir uma escala de bens, que o ajudem a chegar ao absoluto.

O sábio não é, então, um cientista teórico, mas um homem virtuoso ou que busca a vida virtuosa e que assim consegue estabelecer, em sua vida, a ordem, a harmonia e o equilíbrio que todos desejam. O sábio faz penetrar em sua vida e em seu ser a harmonia que vem do hábito de submeter-se à razão. Dialética e virtude devem andar juntas, pois a dialética é o caminho da contemplação das ideias e a virtude é esta adequação da vida pessoal às ideias supremas.

Mas a *virtude* também é uma *purificação*, através da qual o homem aprende a *desprender-se do corpo* com tudo o que este tem de terreno e de sensível, e desprender-se do mundo do *aqui e agora* para contemplar o mundo ideal, imutável e eterno. Aí está o Sumo Bem, para Platão. A prática da virtude (*areté*) é por isso a coisa mais preciosa para o homem. A virtude é a harmonia, a medida (*métron*) e a proporção, e a harmonia individual e social é assim uma imitação da ordem cósmica. (*Cosmos* já significa ordem, ao contrário de *caos*).

O ideal buscado pelo homem virtuoso é a imitação ou assimilação de Deus: *aderir ao divino*. A plebe, naturalmente, considera o filósofo um louco, por causa de sua hierarquia do bens, invertida em relação à dela.

Mas o sábio é exatamente aquele que busca assemelhar-se ao Deus, tanto quanto lhe é possível humanamente. O diálogo das *Leis* afirma que "Deus é a medida de todas as coisas". E qual seria então a *norma* da virtude? É a própria ideia do Bem, uma ideia perfeita e subsistente.

Nas pesquisas efetuadas dialeticamente nos diversos diálogos, Platão vai organizando um quadro geral das diferentes virtudes. As principais virtudes são as seguintes:

• *Justiça* (*dike*), a virtude geral, que ordena e harmoniza, e assim nos assemelha ao invisível, divino, imoral e sábio;

• *Prudência* ou *sabedoria* (*frônesis* ou *sofía*) é a virtude própria da alma racional, a racionalidade como o divino homem: orientar-se para os bens divinos. Esta virtude, que para Platão equivale à vida filosófica como uma música mais elevada, é aquela que põe ordem, também, nos nossos pensamentos;

• *Fortaleza* ou *valor* (*andreia*) é a que faz com que as paixões mais nobres predominem, e que o prazer se subordine ao dever;

• *Temperança* (*sofrosine*) é a virtude da serenidade, equivalente ao autodomínio, à harmonia individual.

Assim, o que mais caracteriza a ética platônica é a ideia do Sumo Bem, da vida divina, da equivalência de contemplação filosófica e virtude, e da virtude como ordem e harmonia universal. A distância entre as virtudes intelectuais e morais é pequena, pois a vida prática se assemelha muito à prática teórica. Platão foi, além de grande filósofo, também um grande poeta ou literato. A maioria de seus escritos tem a forma de diálogos, que são lidos com muito prazer e interesse intelectual e moral. Já o seu discípulo Aristóteles, filósofo da mesma estatura de seu mestre, tem um outro estilo em seu escritos. Ele é muito mais um professor do que um poeta. Muitos de seus escritos são fragmentos ou notas para exposições aos discípulos. Mas tem também livros unitários.

Aristóteles (384-322 a.C.), além de um grande pensador especulativo e profundo psicólogo, levava muito a sério (e mais do que Platão) a observação empírica. Assim, enquanto Platão desenvolvia sua especulação mais teórica, Aristóteles colecionava depoimentos sobre a vida das pessoas e das diferentes cidades gregas. Isto não quer dizer que ele fosse um empirista sem capacidade especulativa, mas mostra o seu esforço analítico e comparativo, quando ele se punha a comparar, por exemplo, mais de uma centena de constituições políticas de cidades gregas.

Seus livros explicitamente sobre questões de ética são a *Ética a Eudemo* e a *Ética a Nicômaco*, mas ele escreveu também uma *Magma moral* e um pequeno tratado sobre as virtudes e os vícios.

Ele também parte da correlação entre o Ser e o Bem. Mais do que Platão, porém, insiste sobre a variedade dos seres, e daí conclui que os bens (no plural em Aristóteles) também devem necessariamente variar. Pois para cada ser deve haver um bem, conforme a natureza ou a essência do respectivo ser. De acordo com a respectiva natureza estará o seu bem, ou o que é bom para ele. Cada substância tem o seu ser e busca o se bem: há um bem para o deus, um para o homem, um para a planta, etc. Quanto mais complexo for o ser, mais complexo será também o respectivo bem.

Assim, a questão platônica do Sumo Bem dá lugar, em Aristóteles, à pesquisa sobre os bens em concreto para o homem.

É neste sentido que podemos dizer que a ética aristotélica é finalista e eudemonista, quer dizer, marcada pelos *fins* que devem ser alcançados para que o homem atinja a *felicidade* (*eudaimonía*).

Mas em que consiste o bem ou a felicidade para o homem? Qual o maior dos bens? Ora, Aristóteles não isola muito um bem supremo, pois ele sabe que o homem, como um ser complexo, não precisa apenas do melhor dos bens, mas sim de vários bens, de tipos diferentes, tais como amizade, saúde e até alguma riqueza. Sem um certo conjunto de tais bens, não há felicidade humana. Mas é claro que há uma certa escala de bens, pois os bens são de várias classes, e uns melhores do que outros.

Quais os melhores bens? As virtudes, a força, o poder, a riqueza, a beleza, a saúde ou os prazeres sensíveis?

A resposta de Aristóteles parte do fato de que o homem tem o seu ser no *viver*, no *sentir* e na *razão*.

Ora, é esta última que caracteriza especificamente o homem. Ele não pode apenas *viver* (e para isso os gregos consideravam fundamental uma boa respiração como base da saúde), mas ele precisa viver *racionalmente*, isto é, viver de acordo com a razão.

A razão, para não se deixar ela mesma desordenar, precisa da virtude, da vida virtuosa. Qual seria, então, a virtude mais alta, ainda que não a única necessária? O bem próprio do homem é a vida teórica ou teorética, dedicada ao estudo e à contemplação, a vida da inteligência.

Convém lembrar aqui que, afinal de contas, esses grandes filósofos gregos viviam numa sociedade de classes, baseada no trabalho escravo, e que os filósofos em geral se dirigiam à aristocracia, isto é, àqueles que podiam dedicar-se quase exclusivamente à vida do pensamento, livres que estavam do trabalho escravo duro e cotidiano. (E convém lembrar, igualmente, que uma observação como esta acima não explica toda a grande

"Não seria melhor ignorar as questões éticas e cuidar apenas dos assuntos técnicos?"

construção teórica sobre a ética, de pensadores como Sócrates, Platão e Aristóteles).

Para Aristóteles, o pensamento é o elemento divino no homem e o bem mais precioso. Assim, quem é sábio não carece de muitas outras coisas.

A vida humana mais feliz é a contemplativa, porque imita melhor a atividade divina, mas como este ideal é demasiado elevado para a maioria, é preciso analisar também as outras coisas de que o homem carece.

Mesmo assim, a contemplação não é, aqui, um saber pelo saber, mas é antes um estudo das ciências (ciências teoréticas, como a teologia e a ma-temática, ciências práticas e poéticas). Mas o objeto do estudo mais elevado é o da teologia: o Deus.

Na *Ética a Eddemo*, o objetivo ou a finalidade da vida humana é o culto e a contemplação do divino. Este é o fim mais nobre e a nossa norma mais segura de conduta.

Já na *Ética a Nicômaco* aparecem mais as coisas relativas e *também* necessárias, de modo que o autor busca igualmente as normas mais relativas. Assim, por exemplo, o prazer não é um bem absoluto, mas também não é um mal, pois ele acompanha as diferentes atividades, mesmo as intelectuais ou espirituais. No entanto, Aristóteles insiste em que "os verdadeiros prazeres do homem são as ações conforme a virtude".

O que é ética 33

A felicidade verdadeira é conquistada pela *virtude*. As virtudes são então analisadas longa e detalhadamente. O ser do homem é uma substância composta: corpo material e alma espiritual. Como o corpo é sujeito às paixões, a alma deve desenvolver *hábitos* bons, uma vez que a virtude é sempre uma força adquirida, um hábito, que não brota espontaneamente da natureza.

Aristóteles valoriza, então, mais do que se mestre, a vontade humana, a deliberação e o esforço em busca de bons hábitos. O homem precisa converter suas melhores disposições naturais em hábitos, de acordo com a razão: virtudes intelectuais.

Mas esta autoeducação supõe um esforço voluntário, de modo que a virtude provém mesmo da liberdade, que delibera e elege inteligentemente. Virtude é uma espécie de segunda natureza, adquirida pela razão livre.

Para concluir esta pequena amostra a respeito do pensamento ético dos grandes teóricos gregos, vale a pena citar um trecho da *Ética a Nicômaco*, onde Aristóteles mostra toda a lógica de seu raciocínio, aliada a uma aguda observação psicológica e a um bom senso acostumado a ver as coisas como elas são, na prática. Vejamos uma das traduções possíveis da definição de *virtude*: "é um hábito adquirido, voluntário, deliberado, que consiste no justo meio em relação a nós, tal como o determinaria o bom juízo de um varão prudente e sensato, julgando conforme a reta razão e a experiência".

Que os exemplos resumidos de Platão e Aristóteles nos bastem, em termos de grandes teorias morais. Apenas como um amostra. Uma amostra da profundidade e da seriedade da reflexão ética. Que é mais do que isto.

ÉTICA E RELIGIÃO
III

Entre os gregos antigos, a discussão sobre o mundo e a harmonia cósmica produziu doutrinas práticas, que procuravam orientar a ação dos indivíduos para uma vida voltada para o bem, a virtude e a harmonia com a natureza. Viver de acordo com a natureza não era questão exclusivamente ecológica, mas também moral, isto é, eles consideravam que devia haver uma lei moral no mundo, que permitisse ao homem viver e se realizar como homem, isto é, de acordo com a sua natureza. A lei moral seria então um aspecto da lei natural.

Sócrates, com sua preocupação moral, expressa no lema "conhece-te a ti mesmo" (lema que não era teórico, mas prática, pois não buscava um conhecimento puro e sim uma sabedoria de vida), acentuou a especificidade da moral diante da cosmologia (estudo filosófico do mundo).

A religião grega, como muitas outras religiões antigas, era ainda bastante naturalista, sendo os deuses geralmente quase apenas personificações de forças naturais, como o raio, a força, a inteligência, o amor e até a guerra. Com a religião judaica, a questão se modifica um tanto. O Deus de Abraão, Isaac e Jacó não se identifica com as forças da natureza, estando assim acima de tudo o que há de natural.

Em termos éticos ou morais, isto tem uma consequência profunda: quando o homem se pergunta como deve agir, não pode mais satisfazer-se com a resposta que manda agir de acordo com a natureza, mas deve adotar uma nova posição que manda agir de acordo com a vontade do Deus pessoal. Para que isso seja praticamente viável, torna-se necessário conhecer a vontade deste Deus pessoal, e a filosofia sente a necessidade de uma ajuda fundamental fora dela: os homens procuram a *revelação de Deus*. A revelação de Deus não é uma exposição teórica, mas é toda ela voltada para a educação e o aperfeiçoamento do homem. O homem busca ser santo, como Deus no céu é santo.

Em relação à religião de Abraão e Moisés, expressa nos livros do Antigo Testamento, os ensinamentos de Jesus Cristo são uma certa continuação e um certo aperfeiçoamento. Ele não nega a lei antiga, mas a relativiza num mandamento renovado, o mandamento do amor. Este amor é agora diferente do amor grego e mesmo do amor judaico aos seus, pois inclui o perdão e muitas outras coisas *duras de ouvir*. E principalmente é um amor que vem *de cima*: Deus nos amou primeiro, por isso, na relação com os irmãos (que são agora todos os homens, resumidos na categoria do *próximo*) cada um deve procurar amar primeiro.

A religião trouxe, sem dúvida alguma, um grande progresso moral à humanidade. A meta da vida moral foi colocada mais alto, numa santidade, sinônimo de um amor perfeito, e que deveria ser buscada, mesmo que fosse inatingível. Mas não se vai negar, também, que os fanatismos religiosos ajudaram a obscurecer muitas vezes a mensagem ética profunda da liberdade, do amor, da fraternidade universal. A própria religião serviu de grande estímulo para os filósofos e moralistas, levantando novas questões, como a do relacionamento entre a natureza e a liberdade, ou a da fraternidade universal confrontada a uma solidariedade mais restrita, grupal ou nacional, ou a da valorização e relativização do prazer, do egoísmo, do sofrimento etc. Finalmente, todos sabem que as influências de uma certa visão religiosa, que não explicava bem o que entendia por *carne* (sinônimo de *pecado*), em muitas épocas foram responsáveis por um moralismo centrado nas questões do sexo.

Quando, então, certos religiosos criticam o *pan--sexualismo* de um Freud, por exemplo, muitas vezes se esquecem de que eles mesmo, em sua moral, fizeram tudo girar ao redor desta questão, e geralmente numa perspectiva sectária que, mais do que cristã, era *platônica* no mau sentido da palavra. Esta identificação da moral com a preocupação com o sexo invadiu, porém, até as cabeças de gente não ligada à religião. Quando eu perguntei, certa vez, a um professor que se considerava marxista e que estivera na União Soviética a respeito da moral dos russos após a Revolução, sua resposta foi toda voltada para as questões da sexualidade, enquanto ele esquecia de falar sobre as questões morais ligadas aos ideais de fraternidade e aos problemas de propriedade, poder, violência revolucionária etc.

Na medida em que se convencionou chamar a Idade Média europeia o período cristão do Ocidente, o pensamento ético que conhecemos está, portanto, todo ele ligado à religião, à interpretação da Bíblia e à teologia. Na Idade Moderna, que coincide com os últimos quatro ou cinco séculos, apresentam-se então duas tendências: a busca de uma ética laica, racional (apenas), muitas vezes baseada numa lei natural ou numa estrutura (transcendental) da subjetividade humana, que se supõe comum a todos os homens, e, por outro lado, novas formas de síntese entre o pensamento ético-filosófico e a doutrina da Revelação (especialmente a cristã). Pensadores como Kant e Sartre, por exemplo, tentam formular teorias éticas aceitáveis pela pura razão. Pensadores como Hegel, Schelling, Kierkegaard e Gabriel Marcel, ou mesmo Martin Buber, discutem

O que é ética 39

apenas a maneira de relacionar as doutrinas religiosas com a reflexão filosófica.

Uma figura *sui generis* neste contexto, é o filósofo alemão *Ludwig Feuerbach* (1804-1872), que tentou traduzir a verdade da religião, especialmente a cristã, numa antropologia filosófica que estivesse ao alcance de todos os homens instruídos.

Na metade do século XIX, então, todos eram "feuerbachianos" (como diz Engles), e o próprio Marx assumiu a perspectiva de Feuerbach, criticando-a, porém, por ser demasiado contemplativa e esquecedora da prática. Arx desenvolve, então, uma nova visão do mundo e da história humana, que, num certo sentido, deveria substituir a religião. A moral revolucionária, que aparece em muitos textos de Marx (e que foi desenvolvida principalmente pelos marxistas do século atual), não deixa de ser, em muitos pontos, influenciada pelo pensamento cristão, com temas como conversão, redenção, sacrifício, martírio e espera do *Reino* que está sendo construído.

Não é de espantar, por isso, que pensadores cristãos atuais busquem recuperar nos textos da tradição marxista muitos pontos da tradição ética cristã, por mais que isto pareça paradoxal. O marxismo é, no século XX, uma grande tradição de preocupações éticas, onde persistem elementos do cristianismo em forma secularizada, o que não quer dizer que marxismo seja sinônimo de cristianismo, na medida em que este se move em outras categorias, como fé, revelação, paternidade divina e pecado, com a possibilidade do perdão.

Ao lado desta tendência moderna que busca formas de unir uma ética religiosa e uma reflexão filosófica, desenvolvem-se no mundo moderno e contemporâneo práticas e teorias que ignoram as contribuições da religião. Estas tendências são as mais variadas e podemos no máximo esquematizá-las.

Há, como veremos mais adiante, a concepção *determinista*, que ignora, por princípio, a liberdade humana como sendo uma ilusão. Há uma concepção *racionalista* que procura deduzir da "natureza humana" (numa perspectiva naturalista, fisicalista ou materialista, ou numa perspectiva transcendental kantiana, que define a natureza humana como liberdade, e a consciência humana como "legisladora universal") as formas corretas da ação moral. Esta concepção, na sua linha kantiana, procura principalmente formas de procedimento prático que possam ser *universalizáveis*, isto é, uma ação moralmente boa é aquela que pode ser universalizável, de tal modo que os princípios que eu sigo pudessem valer para todos, ou ao menos que eu pudesse querer que eles valessem para todos.

O chamado "formalismo kantiano" não deixa de ter os seus encantos, pois ele procura basear-se quase exclusivamente nas leis do pensamento e da vontade, dando assim critérios práticos de serventia inegável. Seu eu tomo hoje, por exemplo, a questão da tortura, posso me perguntar se seria possível desejar, ou melhor, querer, que tal procedimento fosse aplicado universalmente. Se não posso querer a universalização da tortura, não posso aceitar a tortura também aqui e agora.

Enfim, há outras tendências bastante difundidas, como a do *utilitarismo*: bem é o que traz vantagens para muitos (e daí se deduziu até uma matemática ou cálculo moral). Esta tendência aparece em muitas formulações que podem ser definidas como *pragmatismo*: deixam-se de lado as questões teóricas de fundo, apelando-se para os resultados práticos, muitas vezes imediatos. Este pragmatismo parece estar bastante ligado ao pensamento anglo-saxão, e se desenvolveu sobretudo nos países de fala inglesa.

Próximo a este pragmatismo, há duas outras tendências atuais importantes, para um estudo da ética, e que até certo ponto se completam. Há uma prática, especialmente desenvolvida nos países de capitalismo mais avançado, que busca a utilidade e a *vantagem particular*: bom é o que ajuda o meu progresso (econômico, principalmente) e o meu sucesso pessoal no mundo (carreira, amizades úteis etc.) Está próxima, portanto, das formas gregas do hedonismo, ou busca do prazer terreno, porém mediada pelas condições que o progresso técnico e o econômico proporcionaram ao mundo atual.

A outra linha atual, até certo ponto complementar, encontra-se mais entre os pensadores do *positivis-*

mo lógico, que ignoram muitas vezes aquelas questões fundamentais, que chamam de metafísicas ou especulativas, e se dedicam apenas a pesquisar as formas da linguagem moral, os tipos válidos de formulações éticas, a lógica e a sintaxe dos imperativos éticos e assim por diante.

É um estudo certamente excitante e bem feito, mas que leva muitas vezes o pensador a "se esquecer de si mesmo", como diria Kierkegaard, a se esquecer de que ele é um sujeito existente, que tem de decidir eticamente sobre suas ações, e que não pode passar a vida toda somente estudando a linguagem da ética, sem viver a ética, isto é, sem viver eticamente.

E podemos encerrar este capítulo então com Kierkegaard. Este pensador religioso considerava que uma ética puramente humana, depois do cristianismo, não deixava de ser um retorno ao paganismo, no seio de uma cristandade não mais cristã. A única vantagem que haveria, talvez, para um tal esforço, seria, na perspectiva do homem de fé, a obtenção de uma linguagem comum, aceitável também pelos homens que não possuem a mesma fé. O que, para Kierkegaard, era uma vantagem ainda duvidosa.

IV
OS IDEAIS ÉTICOS

Mas, afinal – perguntava-me um estudante –, qual o critério da moralidade? Ele compreendia facilmente que a consciência moral deveria ser ao menos uma espécie de critério imediato. Agir moralmente significaria agir de acordo com a própria consciência. Mas, afora isto, agir como? Buscando o quê? Qual seria o ideal da vida ética?

As respostas variam, como estamos vendo. Para os gregos, o ideal ético estava ou na busca teórica e prática da ideia do Bem, da qual as realidades mundanas participariam de alguma maneira (Platão), ou estava na felicidade, entendida como uma vida bem ordenada, uma vida virtuosa, onde as capacidades *superiores* do homem tivessem a preferência, e as demais capacidades não fossem, afinal, desprezadas, na medida em que o homem, ser sintético e composto, necessitava de muitas coisas (Aristóteles).

Para outros gregos, o ideal ético estava no viver de acordo com a natureza, em harmonia cósmica. (Esta ideia, modificada, foi depois adotada por teólogos cristãos, no seguinte sentido: viver de acordo com a natureza seria o mesmo que viver de acordo com as leis que Deus nos deu através da natureza). Os *estóicos* insistiram mais nesta vida bem natural. Já os *epicuristas* afirmavam que a vida devia ser voltada para o prazer: para o sentir-se bem. Tudo o que dá prazer é bom. Ora, como certos prazeres em demasia fazem mal, acabam por produzir desprazer, uma certa economia dos prazeres, uma certa sabedoria e um certo refinamento, até uma certa moderação ou temperança eram exigências da própria vida de prazer.

No cristianismo, os ideais éticos se identificaram com os religiosos. O homem viveria para conhecer, amar e servir a Deus, diretamente e em seus irmãos. O lema socrático do "conhecer-te a ti mesmo" volta à tona, em Santo Agostinho, que agora ensina que "Deus nos é mais íntimo que o nosso próprio íntimo". O ideal é o de uma vida espiritual, isto é, de acordo com o espírito, vida de amor e fraternidade. Historicamente, porém, muitas formas dualistas, que separavam radicalmente, por exemplo, o céu e a terra, esta vida e a outra, o amor a Deus e o amor aos homens, acabaram dificultando a realização dos ideais éticos cristãos. Nem sempre os cristãos estiveram à altura da afirmação do seu Mestre: "Nisto conhecerão que sois meus discípulos: se os amardes uns aos outros".

Com o Renascimento e o Iluminismo, ou seja, aproximadamente entre os século XV e XVII, a burguesia que começava a crescer e a impor-se, em busca de uma hegemonia, acentuou outros aspectos da ética: o ideal seria viver de acordo com a própria liberdade pessoal, e em termos sociais o grande lema foi o dos franceses: liberdade, igualdade, fraternidade. (Há quem afirme que a Revolução Francesa buscou concretizar apenas a liberdade, a Russa, a igualdade e a Africana, ou a do Terceiro Mundo, a fraternidade). O grande pensador da burguesia e do Iluminismo, Kant, identificou bastante, como temos visto, o ideal ético com o ideal da autonomia individual. O homem racional, autônomo, autodeterminado, aquele que age segundo a razão e a liberdade, eis o critério da moralidade.

Se Kant e a Revolução Francesa acentuaram de maneira talvez demasiado abstrata a liberdade, o ideal ético para Hegel estava numa vida livre dentro de um Estado livre, um Estado de direito, que preservasse os direitos dos homens e lhes cobrasse seus deveres, onde a consciência moral e as leis do direito não estivessem nem separadas e nem em contradição. A profunda perspectiva política de Platão e Aristóteles transparece de novo, portanto, em Hegel. Mas parece que a realidade histórica não acompanhou muitas de suas teorias.

Os valores espirituais, éticos e religiosos foram se tornando, nestes últimos anos, sempre mais assunto particular, e os assuntos gerais foram sendo dominados pelo discurso da ideologia.

No século XX, os pensadores da existência, em suas posições muito diversas, insistiram todos sobre a liberdade como um ideal ético, em termos que privilegiavam o aspecto pessoal ou personalista da ética: autenticidade, opção, resoluteza, cuidado etc.

Já o pensamento social e dialético buscou como ideal ético, na medida em que aqui ainda se usa esta expressão, a ideia de uma vida social mais justa, com a superação das injustiças econômicas mais gritantes. A ética se volta sobre as relações sociais, em primeiro lugar, esquece o céu e se preocupa com a terra, procurando, de alguma maneira, apressar a construção de um *mundo mais humano*, onde se acentua tradicionalmente o aspecto de uma justiça econômica, embora esta não seja a única característica deste *paraíso* buscado.

Assim como em Maquiavel e Hegel a *razão de Estado* parecia infiltrar-se na reflexão ética como elemento complicador, também no pensamento revolucionário de esquerda surgem alguns problemas semelhantes. A relação entre os meios e os fins não parece um problema resolvido. Também não se entende muito bem que uma geração deva ser sacrificada hoje pelas gerações futuras, e há quem diga que a justiça futura não compensará jamais a injustiça atual. E assim por diante.

Finalmente, não há como negar que exatamente a maioria dos países ricos se caracteriza por uma ética que em muitos casos lembra a busca grega do prazer, porém, nem sempre com moderação. O prazer, depois do século XIX, época da grande acumulação capitalista, reduziu-se bastante, de fato, à posse material de bens, ou à propriedade do capital. Em nome da defesa do capital, ou, mais modestamente, em nome da defesa da propriedade particular, muito sangue já foi derramado e muita injustiça cometida. O grande argumento do pensamento de esquerda é que não foi a esquerda quem inventou a luta de classe. E que a propriedade é um direito básico *para todos*.

A reflexão ético-social do século XX trouxe, além disso, um outra observação importante: mas massificação atual, a maioria hoje talvez já não se comporte mais eticamente, pois não vive imoral, mas amoralmente. Os meios de comunicação de massa, as ideologias, os aspectos econômicos e do Estado, já não permitem mais a existência de sujeitos livres, de cidadãos conscientes e participantes, de consciências com capacidade julgadora. Seria o fim do indivíduo?

A LIBERDADE

Falar de ética significa falar de liberdade. Num primeiro momento, a ética nos lembra as normas e a responsabilidade. Mas não tem sentido falar de norma ou de responsabilidade se a gente não parte da suposição de que o homem é realmente livre, ou pode sê-lo.

Pois a norma nos diz como *devemos* agir. E se devemos agir de tal modo, é porque (ao menos teoricamente) também *podemos não agir* deste modo. Isto é: devemos obedecer, é porque podemos desobedecer, somos capazes de desobedecer à norma ou ao preceito.

Também não tem sentido falar de *responsabilidade*, palavra que deriva de *resposta*, se o condicionamento ou o determinismo é tão completo que a resposta aparece como mecânica ou automática. Todas as doutrinas éticas se articulam entre dois extremos que tornam a ética impossível.

Se alguém afirma que o determinismo é total, então não há mais ética. Pois a ética se refere às ações humanas, e se elas são totalmente determinadas de fora para dentro, não há espaço para a liberdade, como autodeterminação, e, consequentemente, não há espaço para a ética.

Há muitas formas de *determinismo*. Por exemplo: o *fatalismo*: tudo o que acontece, tinha de acontecer. A fatalidade é o que rege, por exemplo, as tragédias gregas. Édipo é afastado ou se afasta do seu lugar duas vezes, para fugir ao destino fatal. Mas, exatamente ao se afastar da casa daqueles que ele crê serem seus pais, cai nas malhas do destino, matando seu pai verdadeiro e casando com sua mãe. Os orientais diriam: "estava escrito". Se a fatalidade, ou o destino, rege todos os nossos passos, não temos liberdade, e nem temos, propriamente, presente ou futuro. Tudo o que vai acontecer já estava decidido: vivemos assim num eterno passado.

O determinismo pode aparecer igualmente com a doutrina de *um Deus dominador*. Tudo o que fazemos é decidido por ele, de modo que não temos liberdade.

Mas o determinismo pode aparecer também como uma doutrina de *um materialismo estrito*: a natureza, ou a lei natural, rege todos os nossos atos. Os condicionamentos materiais (como os econômicos, por exemplo) *decidem* por nós. Esta posição extremada também acaba com a ética. E mesmo Marx, que acreditava numa liberdade humana, ao menos como poder libertador, ao descrever situações nas quais o capital (este deus da sociedade moderna) dominaria totalmente o homem trabalhador, denunciava uma situação de escravidão total, onde o homem realmente não teria mais liberdade. Nesta situação, a própria ética não teria sentido. Ou teria, no máximo, o mandamento ético de revolucionar tal sociedade. Quando uma objetividade total domina o sujeito, não há mais espaço para a liberdade e consequentemente nem para ética.

O extremo oposto ao do determinismo, porém, nega igualmente a ética. Pois o outro extremo está representado por uma concepção que acredita numa *liberdade total e absolutamente incondicionada*. Os filósofos *estóicos*, gregos ou romanos, pensavam que "o sábio é livre sempre, mesmo que esteja aprisionado e acorrentado". Ora, esta liberdade se resumiria à possibilidade de pensar o que quisesse. Mas liberdade para pensar, sem poder agir de acordo com os pensamentos, isto é, sem poder agir livremente, não é liberdade humana. Assim como também não o é uma liberdade absoluta e abstrata, sem condicionamentos, sem normas, sem necessidade. O pensamento estóico, que afirmava apenas esta liberdade abstrata, penetrou no cristianismo, que assim também pecou por este exagero, deixando que a liberdade real se resumisse a algo de puramente *interior*.

No começo do século passado, alguns pensadores do *idealismo* também acentuaram de tal maneira o poder da vontade, acima de todos os condicionamentos naturais e materiais, sociais, econômicos e psicológicos que, no final, restava a pergunta: esta liberdade ainda seria a liberdade do homem, um ser que só pode ser compreendido como uma estrutura sintética, e não simples, um ser que não é puro espírito, pois também é (ou tem) corpo, um ser que não é puramente subjetivo, mas também é um objeto? O homem é um espírito puro, ou um ser afinal de contas corporal e condicionado, um ser cultural com bastante dependência das condições concretas das formas culturais de seu tempo e de seu lugar?

Assim, os chamados *idealistas subjetivos* acabam pressupondo um sujeito puramente racional, infinito, acima e livre do *aqui e agora*, um espírito tão poderoso que não se identifica mais com o homem real e concreto. Também contra esses pensadores vale uma frase famosa de Adorno (1903-1969), pensador da chamada "Escola de Frankfurt": "Liberdade da economia nada mais é do que a liberdade econômica", ou mais simplesmente: só não depende do dinheiro quem o tem de sobra.

Pois bem no meio da época dos diversos idealismos que floresceram nas terras alemãs, em 1809, o filósofo F. W. J. Schelling (1775- 1854) escreveu um pequeno mas profundo tratado intitulado *Investigações filosóficas sobre a essência da liberdade humana e assuntos conexos*. Esta pequena obra situa-se entre os escritos de Kant e Fichte, de um lado, e os de Hegel, de outro lado. E a palavra-chave, no caso, é a expressão "liberdade *humana*". Por insistir em investigar uma liberdade que fosse realmente humana, nem mais e nem menos, Schelling aí até antecipou críticas a escritos posteriores de Hegel.

Pois a questão da liberdade, em Hegel, é muito discutida, e com razão, devido à profundidade com que este filósofo trata o tema, realmente central para o seu pensamento. Na perspectiva de Schelling, teríamos de dizer que a liberdade que Hegel expõe é tão infinita e absoluta, que já não corresponde mais à realidade humana, considerando-se que o homem é um espírito condicionado e finito.

Mas se Hegel (1770-1831) em certas passagens expõe a história de uma liberdade que seria sobre-humana, não se pode negar, principalmente hoje, a importância de seus escritos para esta questão. Em primeiro lugar, porque ele procura expor uma *história filosófica da liberdade*. Assim ele explica, por exemplo, porque é que num Estado em que apenas um homem é livre ninguém é livre, nem mesmo o tirano.

E Hegel mostra que a liberdade não pode ser apenas exterior, nem apenas interior, e que ela se desenvolve na consciência e nas estruturas. A liberdade aumenta com a consciência que se tem dela, embora a simples "consciência da liberdade" ainda não seja a liberdade efetiva, isto é, real.

E essa história prossegue, mostrando como o homem e a humanidade se constroem, na busca de uma liberdade sempre mais real. Nos gregos, as normas exteriores da *polis* não respeitavam a liberdade individual. Com o cristianismo teria surgido a consciência profunda da liberdade e do valor infinito de cada indivíduo. O ponto máximo desta tendência trazida pelo cristianismo estaria no pensamento moral de Kant, que acentua tanto a liberdade moral, que até deixa na sombra o aspecto exterior da liberdade, isto é, da organização em leis da sociedade.

O que Hegel procurou, desde sua juventude, nos tempos da Revolução Francesa, foi a formulação de uma síntese da política grega e da moral cristã, que deve aparecer na estruturação de um *Estado de direito*, moderno e constitucional, onde cada indivíduo fosse realmente livre, interior e exteriormente. Num Estado de direito, o exterior, ou seja, as leis e as organizações sociais, garante a liberdade, ou melhor, as liberdades individuais e o bem comum. Pois não basta que eu me sinta livre, é preciso que eu me saiba realmente livre, num Estado organizado que garanta a liberdade de todos e de cada um.

Esta tentativa de síntese brota como uma necessidade após as experiências históricas da Revolução Francesa. Segundo Hegel, o erro ocorrido na fase do Terror, com seu libertarismo acompanhado pela guilhotina, teria sido a procura de uma liberdade puramente abstrata e total. O que faltou, portanto, foi a percepção de que a liberdade precisava "organizar-se na sociedade", "dar-se existência", ou organizar a sociedade de acordo com a sua ideia. Uma liberdade que se dá existência concreta aparece como um Estado, que seria a realização da liberdade de todos, concretizada em instituições sociais e políticas.

Hegel atingiu, com seu pensamento, um estágio que não pode mais ser ignorado, mesmo que critiquemos alguns aspectos de sua teoria. Mesmo assim, as críticas são fortes.

Criticando a teoria do Estado de Hegel, Karl Marx (1818-1883) dirá que o Estado não é, *de fato*, o que o mestre Hegel gostaria que ele fosse, isto é, a instância do *universal*, instância preocupada com a realização do bem comum e com a harmonização dos interesses contrários da sociedade civil burguesa. O Estado seria, de fato, um instrumento a mais de poder para uma das classes em conflito na sociedade burguesa. Não seria o universal harmonizador, mas o particular dominador, seria um instrumento conquistado por uma classe.

Já os filósofos de inspiração kantiana criticam a teoria hegeliana do Estado por um outro lado: aí estaria instituída uma ética baseada não na autonomia, mas na *heteronomia*, isto é, o homem, ao pretender agir moralmente segundo Hegel, acabaria guiando-se não por sua consciência moral autônoma, e sim, em última instância, por "razões de Estado".

O que é ética 55

Finalmente, no campo da crítica a Hegel, há os pensadores da existência, como Kierkegaard, no século XIX, e Jaspers, Heidegger, Merleau-Ponty e Sartre, no século XX. Eles insistem, de diferentes maneiras, sobre a crítica de que Hegel teria esquecido a dimensão propriamente humana e individual da liberdade. O sistema de Hegel, que coloca tudo num *processo* impressionante, acabaria menosprezando a singularidade da instância individual, afirmada apenas verbalmente, mas esquecida de fato. Relativizando a instância individual, baseada na consciência moral, o pensamento hegeliano seria, no fundo, amoral.

Dito de outra maneira, esta crítica soaria assim: quando um processo *supera* o individual, esvazia-se a dimensão ética. Ao que Hegel responderia: supera-se *dialeticamente* a moral, para entrar no terreno sólido e real da *vida ética (Sittlichkeit), concretizada* em instituições (supraindividuais) como a família, a sociedade civil e o Estado, dimensões que não podem ser ignoradas por nenhuma ética que pretenda ser concreta.

Um dos pontos mais interessantes da filosofia atual é a pesquisa dos pontos de aproximação entre os marxistas críticos (como os chamados *frankfurtianos*) com os pensadores da existência, na questão da crítica do Estado totalitário e autoritário do século XX.

Não é por acaso que, ao falarmos de liberdade, viemos parar na questão do Estado moderno. Mas convém agora retomar a distinção inicial dos dois tipos de negação da liberdade: o determinismo absoluto e o libertarismo absoluto. Dizíamos que a ética se movimenta entre estes dois extremos, igualmente falsos.

A ética se preocupa, podemos dizê-lo agora, com as formas humanas de resolver as contradições entre necessidade e possibilidade, entre tempo e eternidade, entre o individual e o social, entre o econômico e o moral, entre o corporal e o psíquico, entre o natural e o cultural e entre a inteligência e a vontade. Essas contradições não são todas do mesmo tipo, mas brotam do fato de que o homem é um ser sintético, ou, dito mais exatamente, o homem não é o que apenas é, pois ele precisa *tornar-se* um homem, realizando em sua vida a síntese das contradições que o constituem inicialmente.

Antes de encerrar este pequeno capítulo sobre a liberdade, questão central para qualquer estudo de ética, seria útil destacar ainda duas contribuições importantes neste campo, igualmente do século XIX, de grande influência sobre o atual: uma de Marx, outra de Kierkegaard.

K. Marx (1818-1883) interpretou a história da humanidade como a história de uma luta constante com a natureza. A ação humana se define então como *trabalho*, como *técnica*. Tentando dominar a natureza pelo trabalho para humanizá-la, o homem encontra sempre a resistência do material, mas, ao tentar transformar a matéria ao redor dele, ele também se transforma: ao trabalhar, ele se faz trabalhador, se especializa, se adapta aos segredos do material, se produz. Marx está longe, portanto, do idealismo subjetivo com os sonhos de liberdade incondicionada. Pelo contrário, a liberdade, como possibilidade humana, está sempre condicionada pelas possibilidades técnicas e pelas formações econômico-sociais.

Mas num aspecto Marx se mostra também condicionado pelo seu tempo. Num aspecto ele é ingênuo como quase todos os pensadores do século XIX: ele aceita tranquilamente que a natureza "deva ser dominada", só não aceitando "a dominação do homem pelo homem". Ora, os frankfurtianos hoje reconhecem que havia aí uma contradição, pois, afinal de contas, cada homem é também um pedaço da natureza, de modo que esta última dominação decorre naturalmente da aceitação sem restrições da primeira. As questões éticas da *ecologia* começam a corrigir certos ideias da *economia*.

Marx tenta seguir a linha de Kant, que afirmava que o homem deve ser sempre tratado como um fim, e nunca como um meio. Mas o próprio Kant não via que o homem, sendo também um ser da natureza, se coloca ele mesmo numa posição de meio, por exemplo, quando pede um emprego e aceita um trabalho. Mas, ao contrário de Kant, Marx desenvolve, por outro lado, com tal insistência o aspecto *técnico* do agir humano (transformação da natureza pelo trabalho), que deixa bastante na sombra o aspecto propriamente *moral*.

Hoje em dia, pensadores inspirados por Marx, mas que conhecem bem toda a tradição alemã, preferem falar, como J. Habermas, de duas diferentes *dimensões do agir humano*. Além da atividade teórica, o homem teria não só uma atividade técnica, representada pelo trabalho produtivo, mas também uma atividade propriamente prática (no sentido grego, e portanto ética), representada pelo amor, por ideais de comunicação e por valores como a fraternidade entre os homens. Assim, o problema do capitalismo, por exemplo, teria de ser reestudado, para vermos como aí predomina a dimensão técnica sobre a dimensão ética, e para descobrirmos uma alternativa realmente diferente.

S. Kierkegaard (1813-1855), pensador dinamarquês e grande admirador dos gregos, especialmente de Sócrates, é o responsável pela outra grande contribuição para as pesquisas no terreno da ética.

Confrontando o pensamento grego antigo com o cristão, Kierkegaard percebeu que para os gregos o *pecado* seria apenas *ignorância*. Para Sócrates e Platão, diz ele, o problema ético era, no fundo, um problema de teoria: a única coisa importante para o homem seria "conhecer o bem", porque daí se seguiria necessariamente um "agir bem". Os gregos não compreendiam, então, que se pudesse fazer o mal, conhe-

Kierkegaard relaciona a angústia com a experiência humana de ser livre, de poder optar e ter mesmo que optar.

cendo o bem; de modo que o homem mau seria sempre (apenas) um ignorante, que poderia e deveria ser curado pela filosofia.

Ora, Kierkegaard insiste, conhecedor que é do pensamento cristão em suas fontes (por exemplo, São Paulo), que o homem pode conhecer o bem e preferir o mal, e a liberdade, quer dizer, também a ética, estaria exatamente nesta zona de problemas. Neste caso, a liberdade não seria, absolutamente, sinônimo de conhecimento filosófico (teórico) do bem, ou do processo dialético do bem (ou da liberdade), do qual seguiria necessariamente a prática do bem. Não, a liberdade deve consistir antes na opção *voluntária* pelo bem, consciente da possibilidade de preferir o mal.

Em seu livro de 1844 dedicado à questão da liberdade, *O Conceito de Angústia*, Kierkegaard descreve a angústia como a experiência propriamente humana do ser livre, experiência de poder realmente optar e ter mesmo de optar. Este pensador dinamarquês descreve, como outros psicólogos profundos posteriores, não só a angústia que o homem sente diante do mal, mas também a que sente diante do bem, quando preferiu o mal.

A angústia é o reflexo psicológico da consciência da liberdade. Aquilo que é totalmente necessário não pode angustiar. O que já é real, enquanto tal, não angustia também. O que angustia é a *possibilidade*. Ou o que já é real, mas que aparece de novo como uma possibilidade.

Neste contexto, posteriormente explorado pelos pensadores da existência, o espírito realmente humano (e não o espírito absoluto) aparece como uma tarefa e um poder de autossintetização, de autorrealização, sendo que o instante da decisão se mostra como uma sintetização entre necessidade e possibilidade, ou, se quisermos, de aspectos necessários, dados, e de possibilidade abertas. E por isso diz Kierkegaard que o presente deve ser compreendido como o instante da decisão, síntese de passado e de futuro.

Comportamento moral: o bem e o mal
VI

Kierkegaard dizia, em seu livro *O Conceito de Angústia*, que a ética grega era, no fundo, apenas uma estética. Isto significaria dizer que a norma grega de buscar o *belo e o bom* se resumiria, no fundo, à busca da beleza, do prazer, de tudo o que era agradável. E explicaria também um pouco a dificuldade que ele tiveram frente ao cristianismo, onde a morte na cruz não era bela, e onde o Sermão da Montanha não era *racional*.

De maneira semelhante se poderia dizer que a ética medieval, pelo menos na cristandade, era, no fundo, um comportamento religioso, e não ético, no sentido restrito. Pois o comportamento era orientado pelos mandamentos divinos, pela autoridade religiosa e continha neste sentido, uma certa exterioridade em relação à consciência moral dos indivíduos. Com isso não se quer negar que um filósofo e teólogo como Tomás de Aquino, por exemplo, desse uma importância fundamental à consciência moral. E o que seria esta consciência moral? Aquela voz interior que nos diz que devemos fazer, em todas as ocasiões, o bem e evitar o mal.

Mas, como já vimos em outros momentos, na própria Idade Média existiam paralelamente vários códigos de ética, como dos cavaleiros e príncipes, o dos bispos locais, o da igreja de Roma e dos seguidores de Maomé. A história da ética dos cavaleiros está sendo escrita atualmente. Falta agora escrever a respeito da ética na perspectiva das mulheres dos servos.

Com o Renascimento e a Idade Moderna, junto com a imprensa e o reestudo do mundo antigo, a difusão da cultura (enquanto na Idade Média quase todos os letrados ou simplesmente alfabetizados eram clérigos), o enriquecimento de uma nova classe – a burguesia – o fortalecimento dos Estados nacionais, surgem, naturalmente, novos estudos de moral, tanto sobre os aspectos individuais quanto sobre os sociais e estatais. É nessa fase que surgem as grandes obras de Maquiavel, Rousseau, Spinoza e Kant.

O que a ética agora desenvolve principalmente é a preocupação com a *autonomia moral do indivíduo*. Este indivíduo procura agir de acordo com a sua *razão natural*. O mundo medieval (pintado magistralmente por Umberto Eco em *O Nome da Rosa*), baseado na autoridade da "palavra divina revelada", já está longe.

Os homens querem fundamentar o seu agir na *natureza*. Assim temos o "direito natural", que contém uma ideia revolucionária em relação ao "direito divino dos reis", do Regime Antigo. Assim temos Rousseau (1712-1778), com o ideal de uma vida melhor graças ao retorno às condições naturais, anteriores à civilização. E assim temos Kant, que busca descobrir em cada homem (e neste sentido é antiaristocrata e burguês) uma natureza fundamentalmente igual, porém *natureza livre*.

O agir de acordo com a nossa natureza, em Kant, é portanto bem diferente dos ideais aparentemente paralelos dos gregos (estóicos e outros), dos medievais e de um Rousseau. Para os gregos, isto significava uma certa harmonia passiva com os cosmos. Para o medieval, significava uma obediência pessoal ao Criador da natureza. Para Rousseau significava um agir de forma mais primitiva. Mas para Kant, a natureza humana é uma natureza racional, o que equivale a dizer que a natureza nos fez livres, mas com isso não nos disse o que fazer, concretamente. Sendo o homem um ser natural, mas naturalmente livre, isto é, destinado pela natureza à liberdade, ele deve desenvolver esta liberdade através da mediação de sua capacidade racional.

Mas se a natureza nos quer livres e não nos diz como devemos agir, então precisamos consultar a nossa consciência individual. Ora, para não cairmos num subjetivismo irracional, pois arbitrário, não-universal, temos de supor que todos os homens são estruturalmente iguais. Cada indivíduo, ao agir de acordo com sua consciência ilustrada, educada da melhor maneira possível, ao agir refletidamente como legislador universal, age de uma maneira universal, embora subjetiva, pois as decisões que toma são aquelas que deveriam ser válidas e vigentes para todos os indivíduos conscientes, racionais e livres.

Completando a obra do pensamento moderno, Hegel considerou demasiado abstrata a posição kantiana, lembrando que seu igualitarismo postulado não levava realmente em conta as tradições e os valores, o modo de ver de cada povo; ignorava, portanto, as instituições históricas concretas e não chegava a uma ética de valor histórico. Hegel liga, então, como já vimos, a ética à história e a política, na medida em que o agir ético do homem precisa concretizar-se dentro de uma determinada sociedade política e de um momento histórico variável, dentro dos quais a liberdade se daria uma existência concreta, organizando-se num Estado.

Talvez pudéssemos agora perguntar: se a ética grega era uma estética, e a ética medieval cristã uma atitude religiosa, não se deveria dizer que a ética hegeliana é uma política? Talvez sim, mas também é verdade que provavelmente Hegel não consideraria esta afirmação, absolutamente, como uma crítica. Todo agir é político, inclusive e principalmente o agir ético.

Finalmente, em termos de comparações históricas, é o caso de lembrar que Marx, relacionando todo comportamento humano à economia, e acentuando as relações econômicas que sempre interferem sobre o agir ético, abriu novas perspectivas, mas também novo problema. Como saber o que é o ético e o que é o econômico, em um dado comportamento concreto?

Na segunda metade do século XX, a questão do comportamento ético se modificou mais uma vez. As atenções se voltaram principalmente para a *questão do discurso*, mas isto de duas maneiras mais ou menos independentes. Por um lado, e ainda por influência do pensamento de esquerda, as reflexões éticas passaram a analisar os discursos com vistas a uma *crítica da ideologia*. Por outro lado, filósofos de inspiração anglo-saxônica passaram a ocupar-se principalmente com uma *crítica da linguagem,* dentro da qual se desenvolve também a crítica ou análise da linguagem ética.

A crítica da ideologia busca descobrir, por trás dos discursos sobre as ações humanas, individuais ou grupais, os (verdadeiros) interesses reais, matérias, econômicos ou de dominação política. Por trás dos apregoados interesses éticos e universais, descobrir a hipocrisia e revelar o cinismo dos interesses econômicos, políticos e particulares. Esta crítica da ideologia tem ajudado inclusive a reescrever a história da ética.

A análise da linguagem, dentro principalmente das diversas linhas da filosofia analítica, tem os méritos do rigor formal, quando se concentra na análise das formulações linguísticas através das quais os homens definem ou justificam o seu agir. É extremamente interessante, por exemplo, ver um autor como E. Tugendhat demonstrar que a afirmação "eu te amo" não tem sentido, logicamente, uma vez que o sentido desta proposição só se encontraria, ou melhor, só seria encontrado pela segunda pessoa na observação dos atos empíricos da primeira. E não deixa de ser instrutivo ler, por exemplo, como Moritz Schlick (1882-1936), membro do Círculo de Viena e grande inspirador de muitos filósofos atuais, analisa o que seriam as *ações boas*: "Boas ações são aquelas que se exigem de nós..."

Por mais que variem os enfoques filosóficos ou mesmo as condições históricas, algumas noções, ainda que bastante abstratas, permanecem firmes e consistentes na ética. Uma delas é a questão da distinção entre o bem e o mal. Agir eticamente é agir de acordo com o bem. A maneira como se definirá o que seja este bem, é um segundo problema, mas a opção entre o bem e o mal, distinção levantada já há alguns milênios, parece continuar válida.

Um dos pseudônimos de Kierkegaard, definido exatamente como "o Ético", afirmava, por isso: "meu dilema não significa, em primeiro lugar, que se escolha entre o bem e o mal; ele designa a escolha pela qual se exclui *ou* se escolhe o bem e o mal". Neste sentido, poderíamos continuar, dizendo que uma pessoa ética é aquela que age sempre a partir da alternativa bem ou mal, isto é, aquela que resolveu pautar seu comportamento por uma tal opção, uma tal disjunção. E quem não vive dessa maneira, optando sempre, não vive eticamente.

Numa apresentação da moral tomista, encontramos a seguinte definição. "A moral é uma ciência prática, cujo objeto é o estudo e a direção dos atos humanos em ordem a conseguir o último fim, ou seja, a perfeição integral do homem, no que consiste a felicidade. Os atos humanos são particulares, e assim, enquanto ciência prática, a moral deve atender e descer ao particular" (Fraile, *Historia de la Filosofía*, BAC). Ora, os homens discutirão sempre sobre os atos particulares, isto é, as ações concretas de cada um. O julgamento concreto de cada ação exige exatamente todos os pressupostos éticos. Já se discutirá menos sobre a questão da busca da felicidade, e se discutirá menos sobre a relação entre o agir ético e a perfeição do homem enquanto homem.

Kierkegaard criticava, no século XIX, a especulação idealista, porque, segundo ele, ela distraía o sujeito, com grandes apresentações históricas, fazendo com que ele se esquecesse que tinha de agir, e que tinha de escolher entre o bem e o mal. O perigo desta distração talvez venha, no século XX, daquelas teorias que insistem sobre a análise formal do discurso, e que muitas vezes parecem esquecer de que, fundamentalmente, a ética é uma ciência prática, que trata, portanto, de uma questão prática, da ação, e não apenas do discurso.

Mas parece que de resto os homens do século XX estão mais conscientes de que eles são espectadores, e sim atores, que não estão na plateia, e sim no palco, como diziam os pensadores da existência. A questão atual é principalmente saber se, mesmo sabendo isto, os homens de hoje ainda se sentem em condições de agir individualmente, isto é, agir moralmente. A massificação, a indústria cultural, a ditadura dos meios de comunicação e mesmo as ditaduras políticas são fenômenos que têm de ser analisados também nesta perspectiva, para sabermos até que ponto o homem de hoje ainda pode escolher entre o bem e o mal.

Adorno, em sua análise do fetichismo da música coloca a questão: nosso mundo individualista não estaria acabando exatamente com a individualidade, estrutura básica de um agir moral?

VII
A ÉTICA HOJE

Logo no início de seu difícil livro *Minima Moralia*, Theodor Adorno (1903-1969) chama a atenção para o fato de que hoje a ética foi reduzida a algo de privado. Já o jovem Marx, no início dos anos 1840, observava o mesmo a respeito da religião. Ora, nos tempos da grande filosofia, a justiça e todas as demais virtudes éticas referiam-se ao universal (no caso, ao povo ou à *polis*), eram virtudes políticas, sociais. Numa formulação de grande filosofia, poderíamos dizer que o lema máximo da ética é o *bem comum*. E se hoje a ética ficou reduzida ao particular, ao privado, isto é um mau sinal.

Um mérito definitivo do pensamento de Kant é ter colocado a consciência moral do indivíduo no centro de toda a preocupação moral. Afinal de contas, o dever ético apela sempre para o indivíduo, ainda que

O que é ética   71

este nunca possa ser considerado uma espécie de Robinson Crusoé, como se vivesse sozinho no mundo.

Procurando superar o ponto de vista kantiano, que chama de moralista, Hegel insistiu numa outra esfera, que chamou de esfera da *eticidade* ou da *vida ética*. Nesta esfera, a liberdade se realiza eticamente dentro das instituições históricas e sociais, tais como a família, a sociedade civil e o Estado. Hegel não teme afirmar que "o Estado é a realidade efetiva da ideia ética". Não há dúvidas que a exposição de Hegel tem pelo menos o mérito de localizar onde se encontram os problemas éticos.

Assim, hoje em dia, os grandes problemas éticos se encontram nestes três momentos da eticidade (família, sociedade civil e Estado), e uma ética concreta não pode ignorá-los.

l) Em relação à família, hoje se colocam de maneira muito aguda as questões das exigências éticas do amor. O amor não tem de ser livre? O que dizer então da noção tradicional do *amor livre*? Ele é realmente livre? E como definir, hoje, o que seja a verdadeira *fidelidade*, sem identificá-la com formas criticáveis de possessividade masculina ou feminina? Como fundamentar, a partir dos progressos das ciências humanas, os compromissos do amor, como se expressam na resolução (no *sim*) matrimonial? E como desenvolver uma nova ética para as novas formas de relacionamento heterossexual? E como fundamentar hoje as preferências por formas de vidas celibatária, casta ou homossexual?

As transformações histórico-sociais exigem hoje igualmente reformulações nas doutrinas tradicionais éticas sobre o relacionamento dos pais com os filhos. Novos problemas surgiram com a presença maior da escola e dos meios de comunicação na vida diária dos filhos. As figuras tradicionais, paterna e materna, não exigem hoje uma nova reflexão sobre os direitos e os deveres dos pais e dos filhos?

Em especial, a reflexão sobre a dominação das chamadas *minorias sociais* chamou a atenção para a necessidade de novas formas de relacionamento dentro do próprio casal. O feminismo, ou a luta pela libertação da mulher, traz em si exigências éticas, que até agora ainda não encontraram talvez as formulações adequadas, justas e fortes. A libertação da mulher, como a libertação de todos os grupos oprimidos, é uma exigência ética, das mais atuais. E, como lembraria Paulo Freire, em seu *Pedagogia do Oprimido*, a libertação não se dá pela simples troca de papéis: a libertação da mulher liberta igualmente o homem.

2) Em relação à sociedade civil, que para Hegel também significaria a forma histórica da sociedade burguesa, os problemas atuais continuam os mais urgentes: referem-se ao trabalho e à propriedade. Como fala de ética num país onde a propriedade é um privilégio tão exclusivo de poucos? E não é um problema ético a

própria falta de trabalho, o desemprego, para não falar das formas escravizadoras do trabalho, com salários de fome, nem da dificuldade de uma autorrealização no trabalho, quando a maioria não recebe as condições mínimas de preparação para ele, e depois não encontram, no sistema capitalista, as mínimas oportunidades para um trabalho criativo e gratificante? Num país de analfabetos, falar de ética é sempre pensar em revolucionar toda a situação vigente.

Assim, se é verdade que as grandes reformas de que nosso país necessita não são questões apenas éticas, mas também políticas, o inverso não é menos verdade: não são só políticas, são questões éticas que desafiam o nosso sentido ético.

A ética contemporânea aprendeu a preocupar-se, ao contrário das tendências *privativistas* da moral, com o julgamento do sistema econômico como um todo. O bem e o mal não existem apenas nas consciências individuais, mas também nas próprias estruturas institucionalizadas de um sistema. Antigos compêndios de moral, de inspiração católica, ainda afirmavam, há cinquenta anos, por exemplo, que o socialismo seria intrinsecamente mau, enquanto o capitalismo permitiria corrigir os seus erros eventuais. Hoje dificilmente um livro de ética teria a coragem de fazer uma afirmação deste tipo.

Por outro lado, as experiências socialistas destes últimos cem anos ensinaram aos teóricos de esquerda a revalorizar a importância que a propriedade tem para a autorrealização humana. A crítica atual insiste muito mais, agora, sobre a injustiça que reside no fato de só alguns possuírem os meios da riqueza, e a crítica à propriedade se reduz sempre mais apenas aos meios de produção, enquanto pensadores do século XIX ainda afirmavam que "toda propriedade é um roubo". A propriedade particular aparece agora, nas doutrinas éticas, principalmente como uma forma de extensão da personalidade humana, como extensão do seu corpo, como forma de aumentar a sua segurança pessoal, de afirma a sua autodeterminação sobre as coisas do mundo.

3) Em relação ao Estado, os problemas éticos são muito ricos e complexos. A ética política revisou, entre outros, os ideais de um cosmopolitismo indeterminado de um Kant, e soube reconhecer as análises de um Hegel a respeito do significado da nacionalidade e da organização estatal como o ápice do edifício da liberdade. A liberdade do indivíduo só e completa como liberdade do cidadão de um Estado livre e de direito. As leis, a Constituição, as declarações de direitos, a definição dos poderes, a divisão destes poderes para evitar abusos, e a própria prática das eleições periódicas aparecem hoje como questões éticas fundamentais. Ninguém é livre numa ditadura; a velha lição de Hegel se confirmou até os nossos dias.

O que foi questionado, da doutrina hegeliana, e até hoje constitui um problema sério, é a verdadeira função, na prática, do Estado. Os Estados que existem de fato são a instância do interesse comum universal, acima das classes e dos interesses egoístas privados e de pequenos grupos. Ou são de fato aparelhos conquistados por estes grupos, por uma classe dominante, que conquista o Estado para usar dele como seu instrumento de hegemonia, para a dominação e a exploração dos desprivilegiados? Em outras palavras, o Estado real resolve o problema das classes, ou serve a um dos lados, na luta de classes?

A luta e a exploração assumiram em nosso século formas mais sutis. A exploração se deslocou, muitas vezes, para formas de neocolonialismo, de tal maneira que em certos casos, patrões e operários de países desenvolvidos podem perfeitamente ter os mesmos interesses, para o prejuízo dos povos da periferia. Assim como a nível microeconômico a exploração deixou de ser diretamente política, para passar pela sutil mediação da exploração econômica, regulamentada até numa legislação trabalhista, assim também a chamada *parceria* entre as nações, em termos econômicos, apresenta hoje aspectos gritantes, para uma reflexão ética.

Também inquietam ao extremo a consciência ética atual as formas políticas ditatórias, totalitárias, autoritárias ou, eufemisticamente, militares, que se tornaram tão familiares aos homens do final do século XX. O cinismo dos poderosos hoje é muito mais explícito do que o dos gregos. As relações internacionais baseiam-se hoje em quê? Na justiça ou na força? Uma justiça entre as nações ou os Estados é um conceito que até o momento ainda não se desenvolveu nem se afirmou, nem nas consciências, nem na prática política.

Muitos filósofos das últimas décadas se dedicaram a estudar e denunciar o problema relativamente moderno que recebeu o nome de *massificação*. É claro que isto, na boca de muitos, pode muito bem ser sintoma de pensamento aristocrático ou elitista. Mas, quando é tratado objetivamente, o problema da massificação se refere a formas de relações sociais onde o indivíduo se perde e se desvaloriza (e se sente objetivamente desvalorizado). Nas fábricas, nas praças diante do demagogo ou sentados em casa ante um aparelho de televisão durante horas a fio, os homens de hoje vão sendo reduzidos cada vez mais a funções simplesmente passivas, vão desaprendendo a arte de falar e de se expressar, vão perdendo sua voz e sua vez.

Pensadores como J. Habermas descrevem o problema da despolitização das massas, do desaparecimento ou da dominação do espaço público e, enquanto descrevem as características típicas das formas do espaço burguês, sugerem formas de criação de um novo espaço, um espaço proletário. O espaço, mesmo o espaço físico, é também uma das condições do exercício concreto da liberdade. Assim (como num retorno à Grécia antiga), um problema físico entra de novo no coração da preocupação ética. Para que o homem seja

O que é ética 77

livre, ele precisa do seu espaço interior, de sua casa, de seu salão, de sua praça, de sua terra.

Assim, o rádio e a televisão podem ser muito mais ditatoriais do que o telefone, o qual, como as antigas cartas, possui uma forma mais dialogal. Isto não significa que aqueles, como meios de comunicação, não possam ser postos a serviço da democracia, nem mesmo que eles, em si, não tenham elementos democráticos, na medida em que a informação também é uma forma de poder e, como tal, se bem distribuído, de favorecer as relações éticas entre homens. Mas valeria a pena analisar a lógica e a sintaxe da comunicação que aparecem, por exemplo, nos noticiários atuais. Tudo é ligado pela lógica simples do *e*, da adição pura e simples: "o Papa visita o Brasil *e* os negros são mortos na África do Sul *e* o cruzeiro se desvaloriza *e* na Eritreia multidões inteiras morrem de fome *e* um espião troca de lado *e* o Presidente inaugura uma escola *e* a polícia descobre um escândalo financeiro *e* os boias-frias fazem uma greve *e* um candidato afirma que em política só a derrota é feia e assim por diante...". Se este tipo de comunicação não favorece subliminarmente um cinismo indiferente a qualquer julgamento moral, certamente não favorece o despertar de uma consciência eticamente mais crítica. No mínimo, reforça a indiferença e o sentimento de impotência no espectador. E este sentimento de impotência diante do sistema da realidade é o aspecto negativo que anula, em grande parte, as vantagens do poder de dispor de informações.

"Saber é poder", dizia o grande iluminista Francis Bacon. Mas pensadores atuais, como Adorno e Horkheimer, mostraram que existe uma maldosa dialética neste Iluminismo, de tal maneira que muitos dos melhores ideais iluminista foram traídos, colaborando esse grande movimento da Idade Moderna muito mais para o mal-estar em que vivemos hoje, do que jamais os grandes filósofos modernos poderiam suspeitar. Mesmo assim, parece importante hoje, como sempre, buscar o antídoto no próprio veneno. E se o maior dos iluministas foi Kant, não deixa de ser espantoso verificar, estudando-o, o quanto ele, entre outros grandes pensadores acima enunciados, nos pode ajudar a assumir a nossa vida de maneira mais ética, e, neste sentido, mais livre e mais humana.

INDICAÇÕES PARA LEITURA

Para aprofundar seu conhecimento do "fundador da moral", o leitor pode passar agora à leitura de *Sócrates*, de Francis Wolff, da Coleção Encanto Radical, da Brasiliense. Como o próprio Sócrates não deixou nada escrito, o jeito é recorrer às interpretações de seus contemporâneos, e aí pode-se ler, na Coleção Os Pensadores (Abril Cultural), o volume intitulado *Sócrates*. Essa coleção possui igualmente um volume de Platão (que inclui o *Banquente* e o *Fédon)* e um de Aristóteles, com a importantíssima *Ética a Nicômaco*, traduzida nas Edições de Ouro. Nas Edições de Ouro o leitor encontra outros diálogos de Platão, como *República*, o *Fedro* e o *Mênon*. Uma edição crítica, com apresentação quase luxuosa, *República*, foi feita pela Fundação Calouste Gulbenkian, de Lisboa. As Edições Despertar, da cidade do Porto, Portugal, publicaram *A moral Antiga*, do

80 *Álvaro L. M. Valls*

grande mestre Leon Robin. Para os que quiserem uma visão ampla do mundo e da cultura grega, existe em português a famosa obra de Werner Jaeger, *Paideia - A formação do homem grego*, pela Livraria Martins Fontes, São Paulo, 1979.

Em espanhol, sempre vale a pena consultar a *Historia de la Filosofía*, de G. Fraile (BAC, Madri, 1965). Fraile é um grande conhecedor dos gregos e dos medievais, de modo que pelo menos os dois primeiros volumes são recomendáveis.

Para conhecer melhor o pensamento medieval, é de grande mérito a publicação, pela Vozes (Petrópolis, 1982), da *História da filosofia cristã – Desde as origens até Nicolau de Cusa*, de Philotheus Boehner e Etienne Gilson. Essa obra contém trechos originais e comentários, numa ótima seleção de todos os pensadores significativos, com suas principais contribuições, ainda que resumidas. Mas quem não se satisfaz com resumos e excertos deve procurar pelo menos *Confissões*, de Santo Agostinho (em espanhol, na Aguillar, Madri, 1967) e ao menos a segunda Parte da *Summa teológica*, de Santo Tomás de Aquino, principalmente a Seção I que trata do fim do homem, da felicidade, dos atos humanos, das virtudes e dos vícios, da lei e da graça. Na edição brasileira da Sulina/EST/UCS, corresponderia principalmente aos volumes 3 a 9. Em espanhol, pela Gredos, de Madri, encontra-se o *Ensayo sobre el obrar humano*, do professor Joseph de Finance, da Universidade Gregoriana.

Outro grande conhecedor do pensamento medieval foi Jacques Maritain, do qual existe uma obra introdutória intitulada *Problemas fundamentais da filosofia moral*, Agir, Rio de Janeiro, 1977.

As obras principais de B. Spinoza, *Ética demonstrada à maneira dos geômetras*, e de J. J. Rousseau, *Do contrato social*, encontram-se tanto na coleção Os Pensadores quanto nas Edições de Ouro. Das obras principais de Kant, a *Fundamentação da metafísica dos costumes* se encontra no volume de Os Pensadores, e a *Crítica da razão prática* foi publicada pelo menos nas Edições de Ouro. Como introdução ao pensamento kantiano, valeria a pena ler *Origem da dialética: A comunidade humana e o universo em Kant*, de Lucien Goldmann, da Paz e terra, Rio de Janeiro, 1967.

No que toca aos pensadores modernos alemães, uma obra clássica e em ótima tradução é *A filosofia do idealismo alemão*, de Nicolai Hartmann, da Fundação Calouste Gulbenkian, de Lisboa. Exige, em todo caso, uma certa base de conhecimentos, não sendo, portanto, uma obra propriamente introdutória, mas de aprofundamento e alargamento de horizontes. Mas a situação é difícil, de qualquer maneira, porque a obra filosófica mais importante do período, os *Princípios da filosofia do direito*, de Hegel, tem uma tradução bastante fraca, na Coleção Filosofia e Ensaios, da Guimarães Editores,

82 *Álvaro L. M. Valls*

de Lisboa. Dever-se-ia então acompanhar tais leituras com o instrutivo livro de H. Marcuse, *Razão e revolução – Hegel e o advento da teoria social* (Paz e Terra, Rio de Janeiro, 1978).

A questão das traduções prejudica também a leitura dos textos de Kierkegaard. Os Pensadores contém dois livros importantes: *Temor e tremor* e O *desespero humano.* Este último segue a tradução utilizada pela Livraria Tavares Martins, de Portugal. Do mesmo país, mas na Editorial Presença, e de tradução também sofrível, vem O *conceito de angústia.* Mas algumas das obras mais importantes desse filósofo dinamarquês, como o *Postscriptum final não científico às migalhas filosóficas,* não se encontram em português.

Bem diferente é a situação de Nietzsche: há muita coisa traduzida, e na Os Pensadores se encontra, por exemplo, a *Genealogia da moral.* Essa coleção, da Abril Cultural, oferece ainda, pelo menos, alguns capítulos importantes de Max Weber, como o II e o V de *ética protestante* e o *espírito do capitalismo.* Além de outros textos importantes de Sartre, Heidegger e outros pensadores de século XX.

No final dos anos 1960, apareceram duas interessantes discussões de pontos de vista éticos, uma registrada em *Existencialismo ou marxismo?*, de Georg Lukács, contendo a polêmica daquela época contra Sartre (Edit. Senzala, 1967), e outra registrada no volume *Moral e sociedade* (Paz e Terra, Rio de Janeiro, 1969),

O que é ética   83

com artigos de Della Volpe, Garaudy, Kosik, Luporini, Markovic, Parsons, Sartre e Schaff. Depois dos anos 1960, começaram a ser traduzidas as obras da chamada Escola de Frankfurt, assinadas por autores como Marcuse, Adorno, Horkheimer e, mais recentemente, Jürgen Habermas. Bastante traduzido foi, no passado, outro autor próximo aos *frankfurtianos* Erich Fromm.

Dos autores latino-americanos, há dois nomes que devem ser conhecidos. Na perspectiva marxista, o mexicano Adolfo Sánchez Vásquez já publicou, no Brasil, sua *Ética* (Civilização Brasileira, Rio de Janeiro, 1980, em quarta edição), e uma *Filosofia da práxis* (Paz e Terra, Rio de Janeiro, 1977). Enquanto Vásquez adota um estilo didático, o argentino Enrique Dussel procura fazer uma obra de fundamentação e exploração de uma nova perspectiva, com várias obras já traduzidas, das quais vale a pena citar *Para uma ética da libertação latino-americana* (Editora Loyola/Unimep, São Paulo, 1980), onde procura pôr o pensamento europeu mais recente a serviço de uma reflexão sobre nossa realidade específica.

A maioria dessas obras gerais contém bibliografias, que podem abrir ao leitor um campo enorme de estudos para aprofundar a questão da ética.

Sobre o autor

Nasci em 1947, em Porto Alegre, onde passei a maior parte de minha vida e onde trabalho como professor na Universidade Federal do Rio Grande do Sul.

Fiz o 2º grau no colégio Anchieta, de minha cidade, e a graduação em filosofia na Faculdade Medianeira, em São Paulo. Em 1973 entrei para o Departamento de Filosofia da UFAGS, onde hoje sou professor-adjunto.

Fiz meus estudos de pós-graduação na Alemanha, em Heidelberg, tendo dedicado o trabalho de mestrado a Adorno e o de doutorado ao conceito de história em Kierkegaard. Já publiquei vários artigos sobre temas filosóficos e educacionais. Desde 1971 estou casado: tivemos três filhos. Procuro equilibrar, tanto quanto possível, minha fidelidade à família e à filosofia.

Coleção Primeiros Passos
Uma Enciclopédia Crítica

- ABORTO
- AÇÃO CULTURAL
- ADMINISTRAÇÃO
- AGRICULTURA SUSTENTÁVEL
- ALCOOLISMO
- ANARQUISMO
- ANGÚSTIA
- APARTAÇÃO
- APOCALIPSE
- ARQUITETURA
- ARTE
- ASSENTAMENTOS RURAIS
- ASTROLOGIA
- ASTRONOMIA
- BELEZA
- BIOÉTICA
- BRINQUEDO
- BUDISMO
- CAPITAL
- CAPITAL FICTÍCIO
- CAPITAL INTERNACIONAL
- CAPITALISMO
- CÉLULA-TRONCO
- CIDADANIA
- CIDADE
- CINEMA
- COMPUTADOR
- COMUNICAÇÃO
- COMUNICAÇÃO EMPRESARIAL
- CONTO
- CONTRACULTURA
- COOPERATIVISMO
- CORPOLATRIA
- CRISTIANISMO
- CULTURA
- CULTURA POPULAR
- DARWINISMO
- DEFESA DO CONSUMIDOR
- DEFICIÊNCIA
- DEMOCRACIA
- DEPRESSÃO
- DESIGN
- DIALÉTICA
- DIREITO
- DIREITOS DA PESSOA
- DIREITOS HUMANOS
- DIREITOS HUMANOS DA MULHER
- DRAMATURGIA
- ECOLOGIA
- EDUCAÇÃO
- EDUCAÇÃO AMBIENTAL
- EDUCAÇÃO FÍSICA
- EDUCAÇÃO INCLUSIVA
- EDUCAÇÃO POPULAR
- EDUCACIONISMO
- ENFERMAGEM
- ENOLOGIA
- EROTISMO
- ESCOLHA PROFISSIONAL
- ESPORTE
- ESTATÍSTICA
- ÉTICA
- ÉTICA EM PESQUISA
- ETNOCENTRISMO
- EVOLUÇÃO DO DIREITO
- EXISTENCIALISMO
- FAMÍLIA
- FEMINISMO
- FILOSOFIA
- FILOSOFIA CONTEMPORÂNEA
- FILOSOFIA MEDIEVAL
- FÍSICA
- FMI
- FOLCLORE
- FOME
- FOTOGRAFIA
- GASTRONOMIA
- GEOGRAFIA
- GOLPE DE ESTADO
- GRAFFITI
- GRAFOLOGIA
- HIERÓGLIFOS
- HIPERMÍDIA
- HISTÓRIA
- HISTÓRIA DA CIÊNCIA
- HOMEOPATIA
- IDEOLOGIA
- IMAGINÁRIO
- IMPERIALISMO
- INDÚSTRIA CULTURAL
- INTELECTUAIS
- ISLAMISMO
- JAZZ
- JORNALISMO
- JORNALISMO SINDICAL
- JUDAÍSMO
- LAZER
- LEITURA
- LESBIANISMO
- LIBERDADE
- LINGUÍSTICA
- LITERATURA DE CORDEL
- LITERATURA INFANTIL
- LITERATURA POPULAR
- LOUCURA
- MAIS-VALIA
- MARXISMO
- MEDIAÇÃO DE CONFLITOS
- MEIO AMBIENTE
- MENOR
- MÉTODO PAULO FREIRE
- MITO
- MORAL
- MORTE
- MÚSICA
- MÚSICA SERTANEJA
- NATUREZA
- NAZISMO
- NEGRITUDE
- NEUROSE
- NORDESTE BRASILEIRO
- OLIMPISMO
- PANTANAL
- PARTICIPAÇÃO
- PARTICIPAÇÃO POLÍTICA
- PATRIMÔNIO CULTURAL IMATERIAL
- PATRIMÔNIO HISTÓRICO
- PEDAGOGIA
- PESSOAS DEFICIENTES
- PODER
- PODER LOCAL
- POLÍTICA
- POLÍTICA SOCIAL
- POLUIÇÃO QUÍMICA
- POSITIVISMO
- PÓS-MODERNO
- PRAGMATISMO
- PSICOLOGIA
- PSICOLOGIA SOCIAL
- PSICOTERAPIA
- PSICOTERAPIA DE FAMÍLIA
- PSIQUIATRIA FORENSE
- PUNK
- QUESTÃO AGRÁRIA
- QUÍMICA
- RACISMO
- REALIDADE
- RECURSOS HUMANOS
- RELAÇÕES INTERNACIONAIS
- REVOLUÇÃO
- ROBÓTICA
- SAUDADE

Coleção Primeiros Passos
Uma Enciclopédia Crítica

SEMIÓTICA
SERVIÇO SOCIAL
SOCIOLOGIA
SUBDESENVOLVIMENTO
TARÔ
TAYLORISMO
TEATRO
TECNOLOGIA
TEOLOGIA
TEOLOGIA FEMINISTA
TEORIA
TOXICOMANIA
TRABALHO
TRABALHO INFANTIL
TRADUÇÃO
TRANSEXUALIDADE
TROTSKISMO
TURISMO
UNIVERSIDADE
URBANISMO
VELHICE
VEREADOR
VIOLÊNCIA
VIOLÊNCIA CONTRA A
  MULHER
VIOLÊNCIA URBANA
XADREZ